당신이 좋아요
있는 그대로

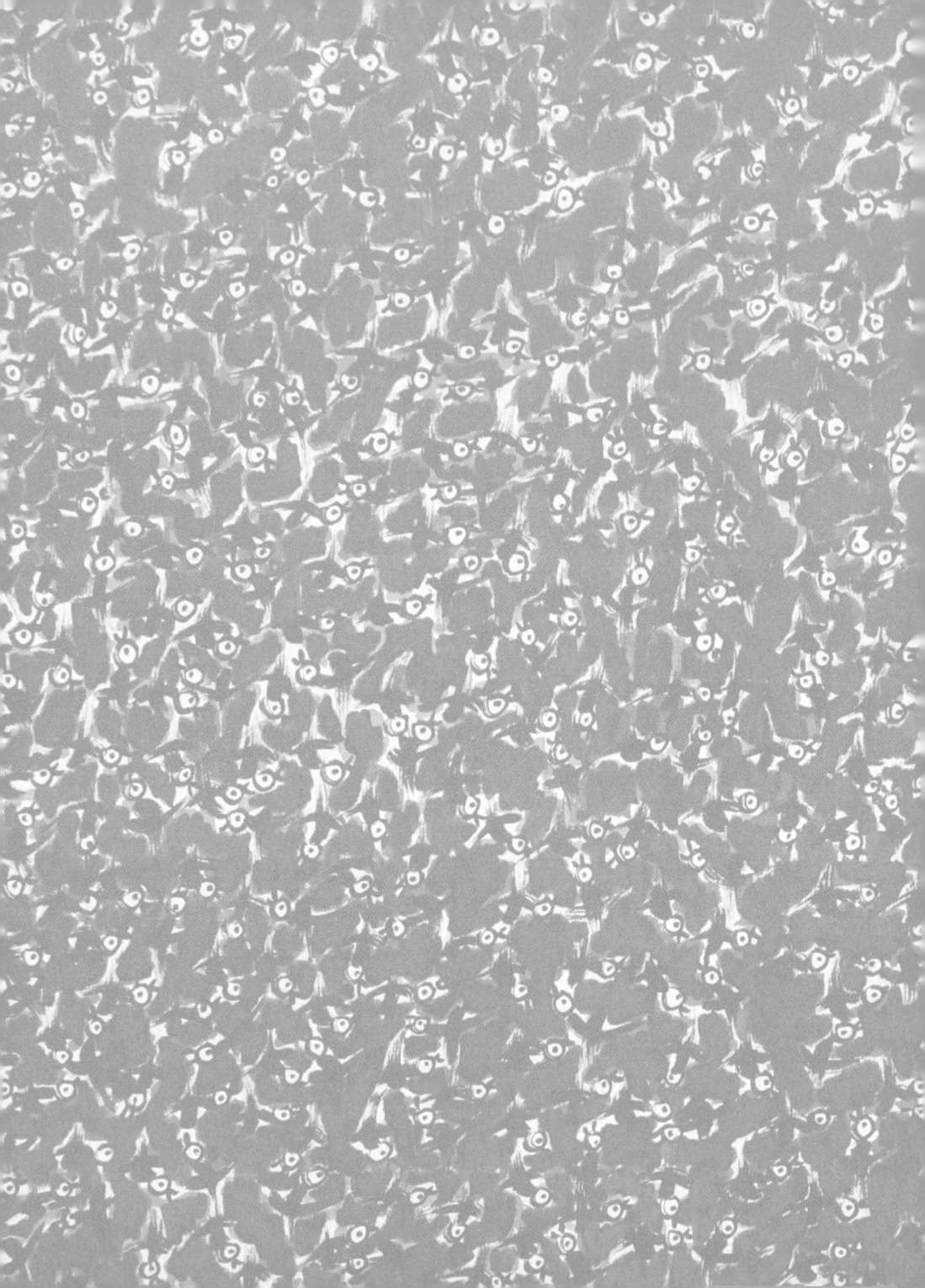

허허당 스님과 함께 내 삶의 중심 찾기

당신이 좋아요
있는 그대로

허허당 글·그림

알에이치코리아

자기의 중심이 바로 서면
세상도 바로 섭니다

사람들의 생김새가 다 다르듯이
우리가 가는 길도 각기 다릅니다

타인의 삶을 부러워하지 마십시오
부러운 게 없어야 비로소 자유로울 수 있습니다

내 삶의 중심이 서 있는 사람은
애써 타인에게 인정받으려 하지 않고
내 삶과 인생을 즐겁게 하는 일에 노력합니다

세상은 가지는 자의 것이 아니라
쓰는 자의 것입니다

자기의 중심이 바로 서면
세상도 바로 섭니다

당신을 사랑합니다
있는 그대로

허허당

1 바람 불지 않는 곳엔 휘파람 불며

집시의 영혼 · 13
큰 뜻을 품으라 · 15
다른 생각 · 16
기적 · 17
물기 · 19
비로소 · 21
그래그래 · 22
진심 · 26
마음 · 27
부러운 게 없어야 · 30
진정한 행복 · 31
진정한 벗 · 34
고귀한 감정 · 36
기품 · 39
진정한 몰입 · 42

바람에 · 43
그들처럼 · 45
농담을 잃어버린 시대 · 47
수행자의 삶 · 51
마음의 눈 · 52
깨어 있는 사람 · 55
눈 깜짝할 새 · 56
점안 · 58
방향을 알아야 · 62
그 순간 · 63
무엇이든 · 65
진정한 만남 · 66
혹 내가 · 67
자신을 알아야 · 69
침묵 · 71

차례

2 당신이 좋아요 있는 그대로

그런대로 · 74
존재의 울림 · 76
공짜 · 80
산짐승들 · 81
방랑자 · 84
회오리처럼 · 85
부처가 되는 길 · 86
이해 · 88
용서 · 89
떠나 있어라 · 92
사랑의 본질 · 93
겸손 · 94
자기 확신 · 98
두려워 마라 · 99
뽑힐 땐 뽑히고 · 101
사람 · 103
아픈 줄 알면 · 105
세상은 · 107

진실은 하나 · 109
고래와 놀려면 · 110
인연법 · 111
큰일일수록 · 113
서두르지 마라 · 115
선화란 · 117
감동이 있는 그림 · 120
나의 그림 · 122
장부정리 · 126
겨울 · 127
전기스토브 · 129
살얼음 · 131
눈 · 132
겨울 사랑 · 133
새벽에 우는 새 · 135
달무리 속 별 하나 · 136
빈 마음 · 138

3 그것이 당신을 아름답게 한다

오늘의 그림 : 니가 최고야 · 142
궁금증 · 144
절로 나는 소리 · 146
물음표 · 147
오늘의 그림: 우주여행 · 149
기다림 · 151
팽목항 · 153
굴뚝의 영감 · 155
예술행위 · 156
최상의 기쁨 · 158
정직하면 행복하다 · 159
포로 · 160
겨울비 · 162
겨울새 · 163
아우성 · 166
태평성대 · 167
나의 그림자 · 169
오늘의 그림:
범아일여梵我一如 · 171
산중의 밤 · 172

스스스 · 173
청송 가는 길 · 175
아하 · 177
휘어진 물소리 · 178
조금만 더 · 179
코스모스 · 181
선물 · 183
과연 · 185
다를 바 없다 · 186
하루 · 187
돌감나무 · 189
소쩍새 우는 밤 · 192
휴대용 불판 가스렌즈 · 193
고요하면 절로 안다 · 194
혼자 놀 줄 아는 사람 · 195
젖은 낙엽 · 196
낙엽이 따라 붙는 날 · 197
멋진 놈들 · 198
고추잠자리 · 199
붉음의 소리 · 201

4 텅 빈 만큼 가득 품는다

식구 · 204
밤바람 · 205
턱수염 · 209
변신 · 210
냉큼 · 211
공생 · 213
기대 · 216
아침 산책 · 217
문지방 · 218
휴식 · 219
새소리 · 220
소쩍새 · 221
버들강아지 · 222
개나리 · 223
뽕잎 · 226
오동잎 · 227
흰나비 · 228
새 꼬리 · 232
빈둥빈둥 · 233
인연 · 235

쓸쓸함 · 237
동경 가는 길 · 239
이쯤 되면 · 240
사막에서 부는 바람 · 242
노을빛 속을 나는 새 · 244
나미비아 평야 · 246
신명의 후손 · 248
숙연한 이름 · 250
신의 눈물 · 253
일기 · 254
삶은 진동이다 · 256
살아있어 고맙다 · 257
깨달은 자의 삶 · 258
한 점 구름 · 259
인생의 황혼 · 260
진리의 입장 · 261
정신 차려라 · 262
선체로 꿈 · 263
아름다움 · 264

1 바람 불지 않는 곳엔 휘파람 불며

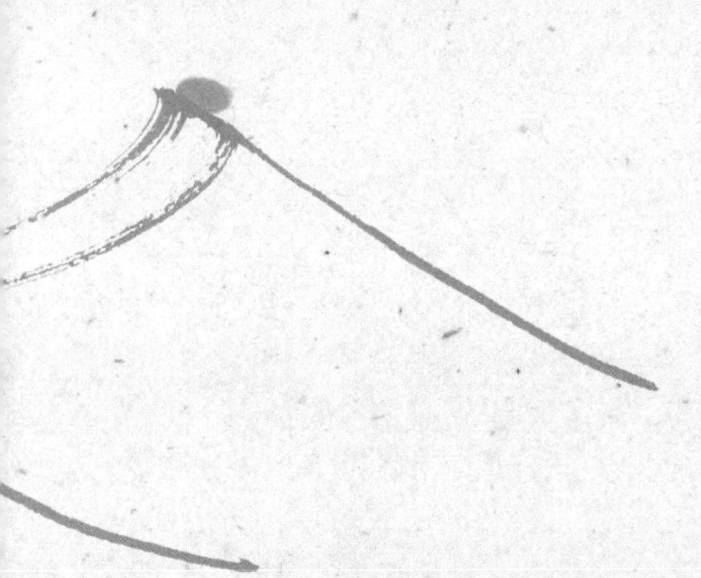

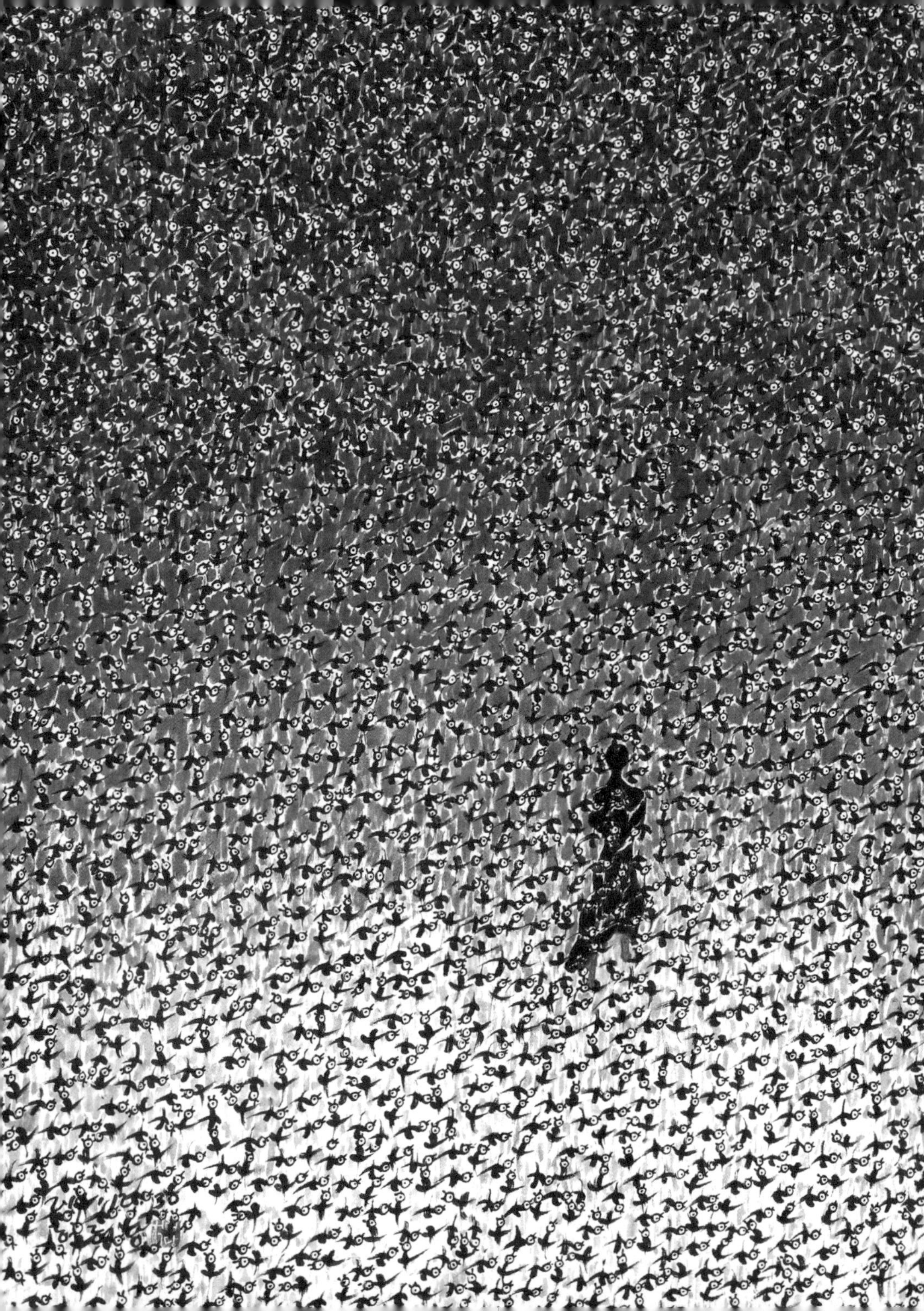

집시의 영혼

시장은 재래시장을 가야
적나라한 인간의 삶이 보이고
열차는 삼등 열차를 타야
제맛을 느낄 수 있다

집시의 영혼을 가진 자는
삶을 아름답게 보는 눈을
가지고 있다
가장 척박한 곳에서 가장
신선한 것을 찾아내는

아름다워라
집시의 영혼을 가진 자여
그대 어디를 간들 자유롭지 못하랴

바람 불지 않는 곳엔
휘파람 불며

큰 뜻을 품으라

큰 뜻을 품으면 길이 보인다
그 길은 혼자 사는 길이 아닌
함께 사는 길이다

◀ 바람의 기억―해를 삼키는 타조

다른 생각

상대방이 나와 다른 생각을 가지고 있다는 것
얼마나 좋은 일인가
만약 모든 사람이 나와 같은 생각을 하고 있다면
그대는 아마 미쳐버릴 것이다

세상에 바보는 아무도 없다
다만 스스로 잘났다고 설치는 사람들의
착각이 있을 뿐이다

기적

기적을 바라지마라
바람 불고 낙엽 지고 꽃피고 꽃 지고
세상사 모든 것 기적 아닌 게 있더냐
보라! 그대의 삶이 기적이다
존재 그 자체로

물기

물기 있게 살다 물기 있게 죽자
단풍잎도 물기 있는 것은
붉고 아름답게 떨어지고 물기 없는 것은
푸석하고 쓸쓸하게 떨어지더라
인간에게 물기란 따뜻한 정 아니겠느냐
정답게 살다 정답게 죽자
물기 있게

◀ 바람의 기억―두 자매의 사랑

비로소

꿈인 줄 알고 꿈속에 사는 사람은
꿈을 꾸어도 꿈을 깨도 아무런 별일 없고
모르는 사람은 꿈에서도 꿈밖에서도
항상 별일 있다
꿈만 꿈이 아니요 생시도 꿈인 줄 알아야
더 이상 꿈꾸지 않는다
그래야 비로소 자유로울 수 있다

◀ 바람의 기억―여덟 계단의 하늘

그래그래

먹고 싶으냐? 그래 먹어라
자고 싶으냐? 그래 자거라
놀고 싶으냐? 그래 놀아라

누구에게나 무엇이든
그래, 그래하며 살고 싶다

▲ 무심2

▲ 고요한 기쁨

진심

진심을 담은 글은
따뜻하다
언어도 생명인 까닭에
온기가 있다

진심을 담은 글은
글에서도 소리가 난다
크게
아주 크게
육성으로 들린다

마음

어떤 분이 찾아와
딸아이가 남자친구와 헤어져
마음이 아파 죽을 것 같다고 해서
마음은 아플 때 아프고
슬플 때 슬프라고 있는 것이라 했다
하지만 그 마음은 본래
없는 것이다

▲ 깨달음의 눈

부러운 게 없어야

남이 좋은 집에 살고 좋은 차를 타고
부귀영화를 누리면 이런 생각을 하라
참 고맙다 내가 안 도와줘도
저래 잘사니
그런 마음으로 살면
세상 모든 것이 아름답다

부러운 게 없어야 자유로울 수 있다
부러운 게 없으면 아름다워진다

진정한 행복

행복을 구하지 않으면
불행도 없다
무엇이든 있는 그대로
특별한 의미를 부여하지 말고
그냥 살아라
의미 없이 편안한 게
진정한 행복이다

▲ 가족1

진정한 벗

만나도 안 만나도 그리운 사람
항상 내 안에 살아 있는 사람
그런 사람이
진정한 벗이다
그런 사람은 이승에 있으나
저승에 있으나 아무 상관없다

고귀한 감정

외로워서 좋다 고독해서 좋다
쓸쓸해서 더욱 좋다
만약 인간에게
이러한 감정이 없었더라면
삶도 인생도 별 의미가 없을 것이다

오늘 외롭고 고독한 자여!
쓸쓸한 자여!
이 고귀한 감정을 마음껏 즐겨라

기품

사람이 살면서
한 그루의 고목같이 기품 있게 늙는 것
이보다 멋진 일이 또 있을까?
아무리 아름다운 강산도 기품 있는
사람만 못하다

▲ 순결한 성전

진정한 몰입

무슨 일이든 몰입하면 사는 맛이 난다
한데 그 일이 없으면 무료하거나 멘붕 상태에 빠지는
사람은 아직 진정한 몰입이 뭔지를 몰라서 그렇다
진정 몰입이 뭔지를 아는 사람은 심심한 것도 몰입한다
경계로부터 영향 받지 않고 자신의 존재에
그래야 있고 없음을 떠나 항상 여여 하다

바람에

비오는 바람에 눈 오는 바람에
외로운 바람에 쓸쓸한 바람에
이 바람에를
잘 활용하는 사람은 멋진 인생을 살고
잘못 하는 사람은 폐가 망신한다

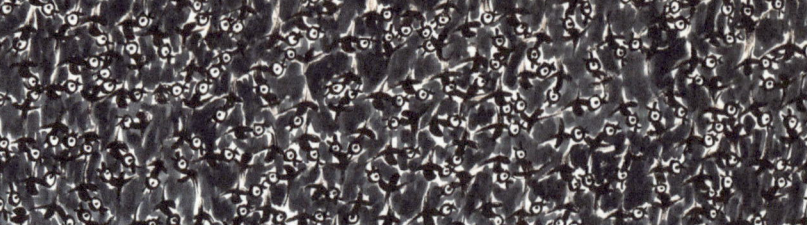

그들처럼

평생
노자를 공부하고
공자를 공부하면 무엇하나
평생
부처를 알고
예수를 알면 무엇하나
그들처럼 멋지게
살지 않고서

◀ 바람의 기억—마사이족 여인1

농담을 잃어버린 시대

세상을 아름답게 하는 것은 농담이다
농담을 모르는 사회는
모든 생명 활동을 긴장 되게 한다
농담을 잃어버린 시대 얼마나 불행한가
모두 갑옷을 입은 전사 같다

◀ 바람의 기억—기원전 사람들1

허허

▲ 부러진 날개

수행자의 삶

수행자가
살기 위해 몸부림치는 것은
참으로 추하다
수행자는 모름지기
깨닫기 위해 몸부림치다 죽음 앞에서도
오직 깨닫지 못한 것을 한탄 할 뿐
다른 어떤 것에도 미련이 없어야 한다
오직 깨달음의 열망으로 한생을
살다가야 한다

마음의 눈

마음의 눈을 뜨려면 정직해야 한다
깨어있다는 것은 자신과 사물을 정직하게 바라보는 것이다
자신을 속이는 사람은 천만성인이 길을 터줘도 깨닫지 못한다
깨달음이란 우주가 하나의 큰 생명임을 자각하고
우주와 내가 둘 아닌 모습으로 사는 것을 말한다
마음의 눈이 떠이면 삼라만상이 있는 그대로 자신의 모습이다
자연은 거짓이 없다 따라서 내가 정직하면 절로 자연과 하나가 된다
참 나를 본다는 것은 바로 이와 같은
자신의 모습을 보는 것이다 마음에 눈이 떠이면
일체만물이 부처 아닌 것이 없다

깨어 있는 사람

깨어 있는 사람은
가만히 앉아서도 우주여행을 한다
순간과 영원을 붙였다 뗐다
깨어 있는 정신은 언제 어디서나
우주를 갖고 논다

◀ 우주여행1

눈 깜짝할 새

세상을 잠시 휴가 나온 기분으로 살면 어떨까?
그런 기분으로 산다고 해서 누가 뭐라는 사람은 없을 것이다
난 그렇게 산다 평생 휴가받은 기분으로
그렇다고 긴 휴가도 아니다 눈 깜짝할 새다
인생을 잠시 휴가 나온 기분으로 살면
어디를 가도 마음이 설레고 누구를 만나도 잘 해주고 싶다
순간순간 낯선 휴가지에서 만난 사람이기에 늘 새롭고 설렌다

점안

그림이란 게 참 묘하다
전체 화면이 흐트러져 도저히
쓸 수가 없는 지경인데도
눈 하나 바로 찍으니 바로잡힌다
마찬가지다
우리네 삶도
세상이 아무리 혼란스러워도
자신의 중심이 바로 서면
세상도 바로 선다

▲ 고흐 피카소 고갱의 꿈

방향을 알아야

이래도 안 되고 저래도 안 된다
잘못된 생각을 바꾸지 않으면
방향을 알아야 길이 보인다
망할 땐 완전히 망하는 게 좋다
어설프게 망하면 계속 망하는 고통이 따를 뿐
새로워지지 않는다

그 순간

사랑은 실체가 없다
증명하려 하면 고통이 따른다
그냥 사랑해라
그 순간 축복이다
떠나는 사람은 떠나게 하라
떠나는 사람을 잡고 있으면
그 순간 괴로움이다

무엇이든

몸도 움직여야 살고 생각도 움직여야 산다
무엇이든 한 가지 생각에 빠져 꼼짝하지 않으면
자신도 죽고 남도 죽는다
자유로워라 그대의 생각으로부터
나는 이래야 된다
저래야 된다 하는 생각을 버리면
만사가 편안하다

진정한 만남

사람 많이 아는 것보다
진심이 통하는 단 한 사람이 소중하다
그런 사람 하나 있으면
전 인류를 만난 것과 같다

정신세계가 통하는 사람은
한 번을 만나도 영원한 것이고
통하지 않는 사람은
평생을 만나도 헛것이다

혹 내가

산송장, 산귀신 그냥 있는 말이 아니다
평생 남을 이롭게 하지 않고
성가시게 하는 그런 사람을 보고 하는 말이다
살아도 산 것 같지 않고
혼이 나가 어지럽기만 한 사람
혹 내가 그런 사람은 아닌지 살펴볼 일이다

자신을 알아야

자신의 이익을 위해 꼼수를 부리다
그것이 잘못되면 남의 탓 하는 사람
이런 사람은 평생 자신에게 속고도
속은 줄 모른다

자신을 바로 보는 사람
자신에게 속지 않는 사람이 참 자유인이다
그대가 만약
이 세상 모든 것을 다 가졌다 해도
진정 자신이 누구인지 모른다면
무슨 소용 있으랴

◀ 바람의 기억―방랑자

침묵

무덤이 편안한 것은
아무런 말이 없기 때문이다
사람은 가끔 무덤 같은
침묵이 필요하다

◀ 새소리 듣다 새 된 사람

2
당신이 좋아요 있는 그대로

그런대로

저마다 다르다
그래서 살만한 세상 아닌가?
내 마음 같지 않다고 짜증내지 말자
너는 너대로 나는 나대로
그런대로
살만한 세상 아닌가

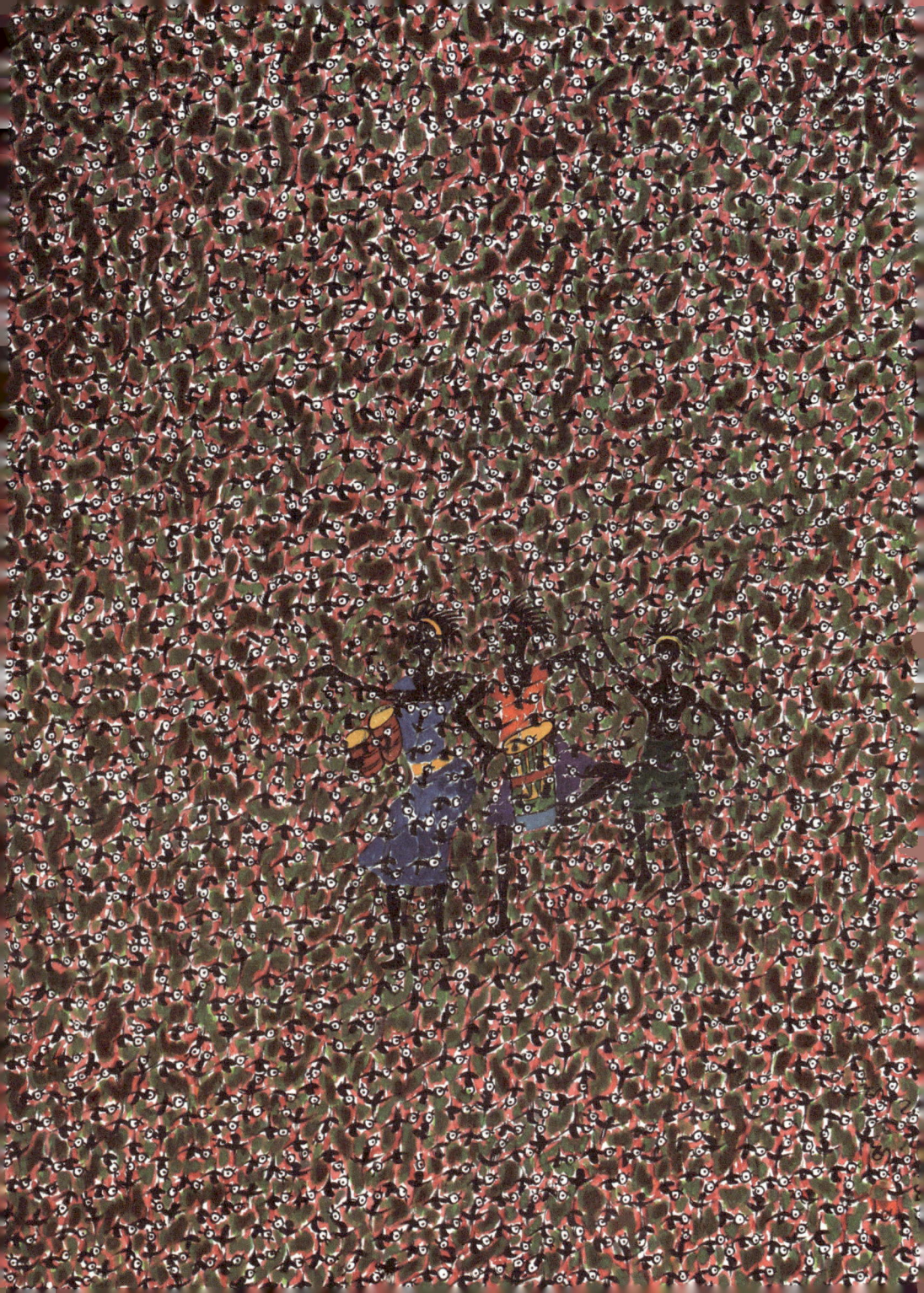

존재의 울림

사람과 사람 사이
단 한 번의 만남으로도
영원해지는 사람이 있다
존재의 울림!
정신적인 교감은
멀고 가까움이 없다

진정한 사랑은
단 한 번의 만남으로도
영원한 것이다

▲ 자화상

공짜

가만히 놔둬도
죽을 몸
죽겠다 죽는다 하지마라
애쓰지 않아도
죽는다
공짜로 죽는다

산짐승들

아무리 많은 사람들이 죽어도
눈 하나 깜짝하지 않는 사람들
또한 고통스러워도
눈 하나 깜짝하지 않는 사람들

이런 사람들이 자신에게는
아주 조그마한 고통이 가해져도
산짐승처럼 울부짖는다

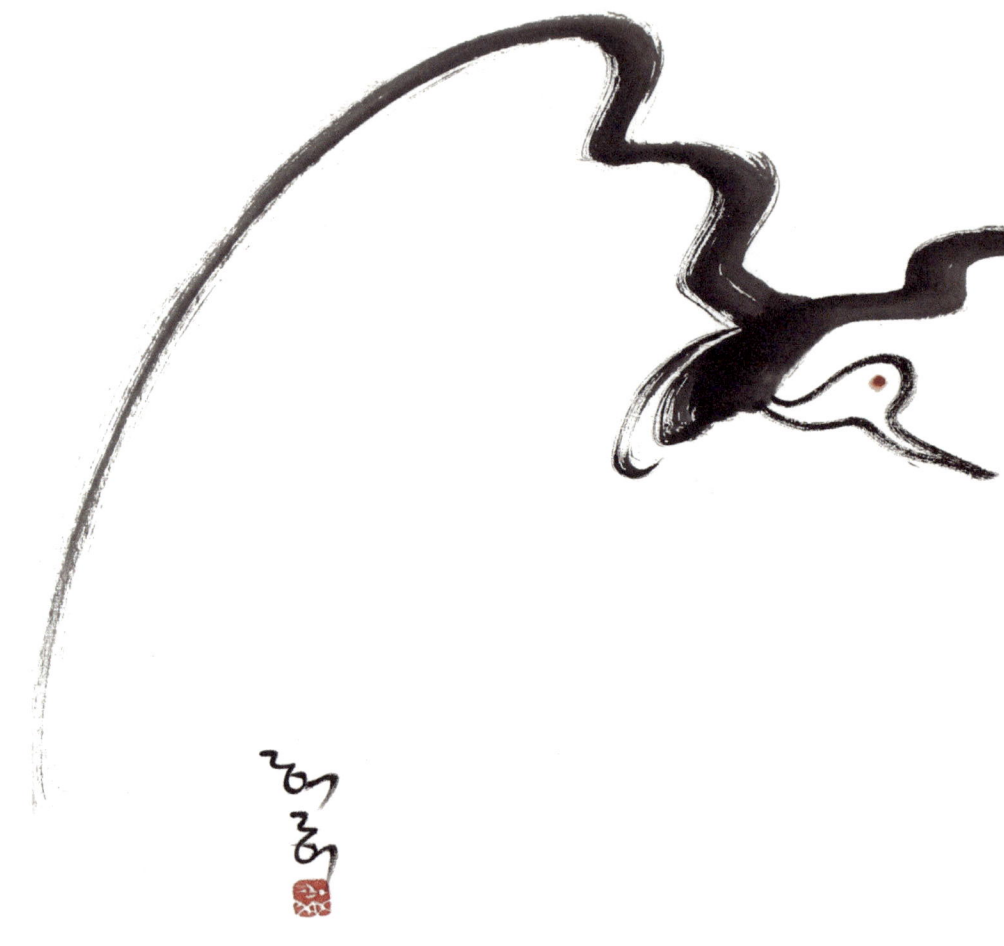

▲ 빈 마음

방랑자

방황은 인생을 낭비하는 것이요
방랑은 인생을 즐기는 것이다
방랑자는 이 세상이 한 몸임을 알기에
어디서나 몸속의 피가 흐르듯
세상을 즐기며 논다
방황은 자신을 몰라 헤매는 것이고
방랑은 자신을 알고 노는 것이다
진정한 방랑자는 언제 어디서나
우주를 품고 논다

회오리처럼

여행은 순간의 선택과 판단
그 자유를 누리는 것
그대여! 세상을 등에 메고
회오리처럼 떠나라

사람 사는 곳에 사람의 길 있다
아무 걱정 말고 가라
사람 사는 곳에 사람의 정 있다
아무것도 두려워 마라

부처가 되는 길

세상 모든 것에 연민을 느끼면
절로 부처가 된다
취하지 않고 놓고 보면
있는 그대로 부처의 세계다

이해

이해해 달라
그런 말 하지마라
이해는 절로 되는 것이지
하라 말라
하는 것 아니다

용서

용서해 달라
그런 말 하지마라
용서는
스스로 깨달아 하는 것
누가 하고
안 하는 것 아니다

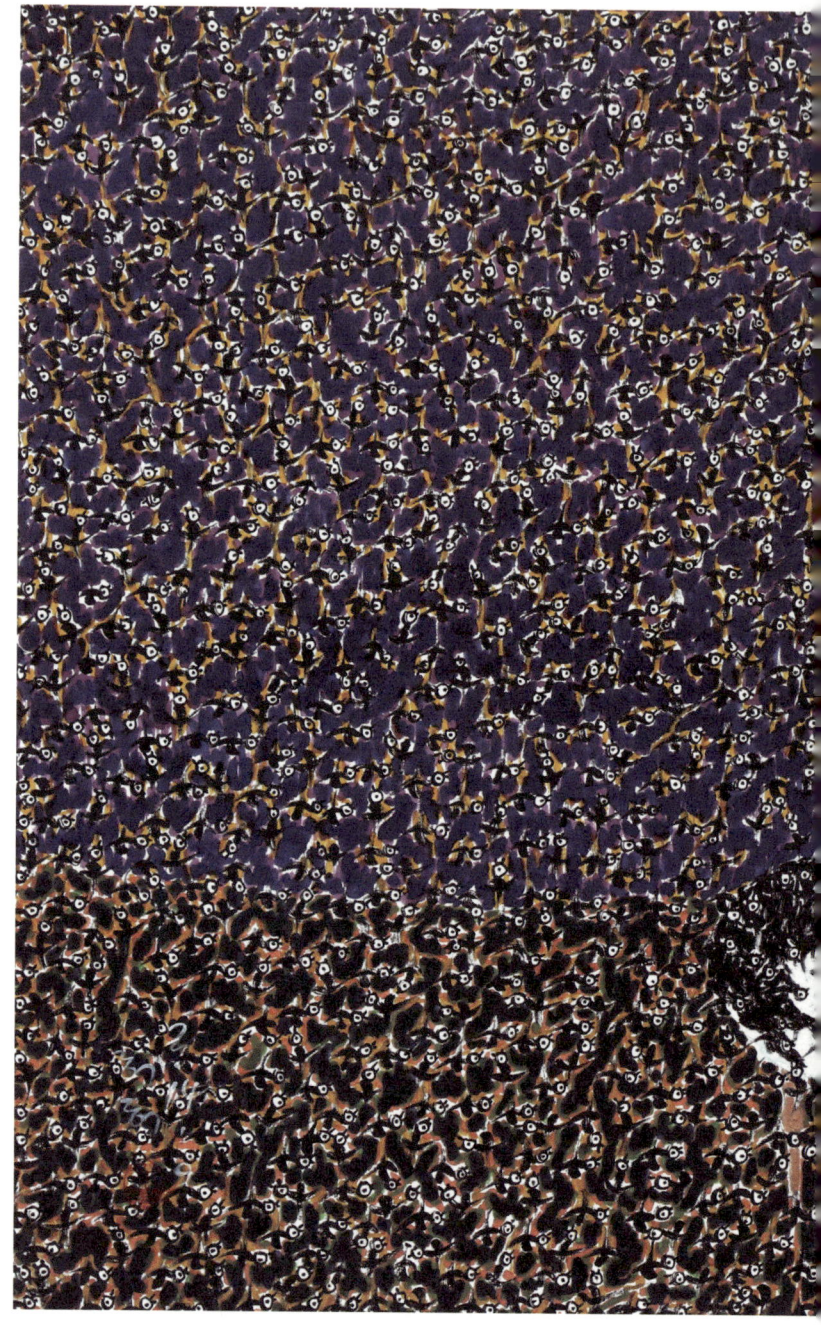

바람의 기억
—해우 ▶

떠나 있어라

집착하지 않아야 아름다워진다
아무리 좋은 음악도 악기를 관통할 뿐
악기에 머물지 않는다

사랑의 본질

사랑받기 위해 사랑을 하면
사랑이 너를 배반할 것이요
사랑주기 위해 사랑을 하면
사랑이 너를 축복할 것이다

겸손

인간의 모습 가운데 가장 추한 것은
잘난 척하다 지친 모습이다
겸손하라
그것이 그대를 아름답게 한다

오로라 ▶

자기 확신

자기 확신이 분명한 사람은
무슨 일을 해도 타인의 관심을 끌기 위해 하지 않고
자신의 삶과 인생을 즐겁게 하기 위해 하고
없는 사람은 늘 타인으로부터 인정받으려 한다
그대여! 세상 사람 모두가 그대를 인정한다 해도
그대 스스로 인정 할 수 없다면
무슨 소용 있으랴

두려워 마라

부딪히며 자란다
아름드리 고목나무도 오랜 세월
천둥 비바람에 부딪히며 자랐다
두려워 마라
오늘 그대가 가야 할 길
그 어떤 것에도

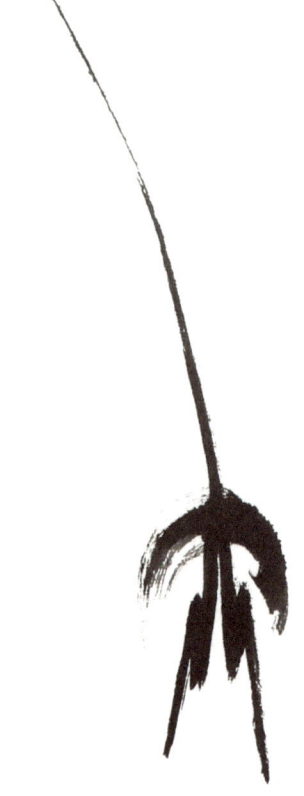

해 인

뽑힐 땐 뽑히고

뿌리 깊은 나무가 되려고 하지마라
뽑힐 땐 뽑히고 흔들리며 가볍게 인생을 살라
아는 길로 가지 말고 모르는 길을 가라
거기 희망이 있다

사람

아무리 산이 깊다 해도
사람 깊은 것만 못하고
아무리 꽃이 아름답다 해도
사람 아름다운 것만 못하다

◀ 희망의 새

아픈 줄 알면

어리석은 자는
똑같은 실수를 반복한다
새가 창문에 머리를 처박듯이
아픈 줄 알면 장애물을 치워야지
왜 아프냐고 묻기만 한다

◀ 바람의 기억―달 구경하는 사람

세상은

집이 있어도 내 집처럼 편안하게
못사는 사람이 있는가 하면
집이 없어도 어디서나 내 집처럼
편안하게 사는 사람이 있다
세상은 가지는 자의 것이 아니라
쓰는 자의 것이다

진실은 하나

진실은 하나 분야가 따로 없다
정치적 진실
종교적 진실
철학 예술
학문적 진실이 다르지 않다
누구든 진실을 이야기할 수 있다
진실을 이야기 못 하는 사회는
이미 죽은 사회다

오늘의 문제를 묻지 않고
내일의 문제를 풀 수 없다
진실은 늘 지금을 이야기하고
거짓은 미래를 이야기한다

◀ 행복을 전하는 새

고래와 놀려면

바다에 노는 고래를
항아리에 집어넣을 수는 없다
고래와 놀려면
바다가 되어야 한다

인연법

인연법을 모르는 사람은
무엇이든 꿰맞추려 한다
그러나 아무리 잘 꿰어도
맞는 게 하나도 없다
인연법을 아는 사람은 무리하지 않는다
순리대로 사는 것이 인연법이다

큰일일수록

무엇이든 크게 생각하면
큰일이고 작게 생각하면 작은 일이다
또한 아무 일 아니라고 생각하면 아무 일 없다
큰일일수록 사사건건 스트레스 받지 말고
그 일을 즐기는 마음으로 하면
좋은 성과를 낼 수 있다

◀ 친구

서두르지 마라

입으로 더 이상 할 말이 없을 때
시가 되고 그림이 된다
세 치 혓바닥엔 삶의 수단이 있을 뿐
진실한 영혼이 없다
뿌리가 깊으면 가지는 절로 뻗는다
서두르지 마라

◀ 모이를 줍는 새1

선화란

선화는 작가 의지를 통해
그려지는 것이 아니라
무심을 통해 일어나는 것이며
그 일어남을 다만 함께하는 것이다

진실은 파고드는 것이 아니라
드러나는 것이다

▲ 순결1

감동이 있는 그림

감동이 있는 그림은 아무런 설명이 필요 없다
정말 좋은 그림은 사람이 그림을 이해하기 전에
그림이 먼저 사람을 이해시킨다 품어버린다
인간의 온갖 분별심을
그래서 감동이 일어난다

나의 그림

살아있는 모든 것은 존재 그 자체로 이미
충분히 아름답고 놀랍고도 신비로운 예술임이 틀림없다
나의 그림은 이 신비로운 생명예술에 반응하며
춤추고 노래한 것이다
일체 생명의 자유와 아름다움
고통과 슬픔, 외로움 속에서

팽팽 돈다
산 영혼 죽은 영혼 뒤섞여서
그러다
새가 되고 나비가 되어
폴폴 난다

바람의 기억
―귀가 1 ▶

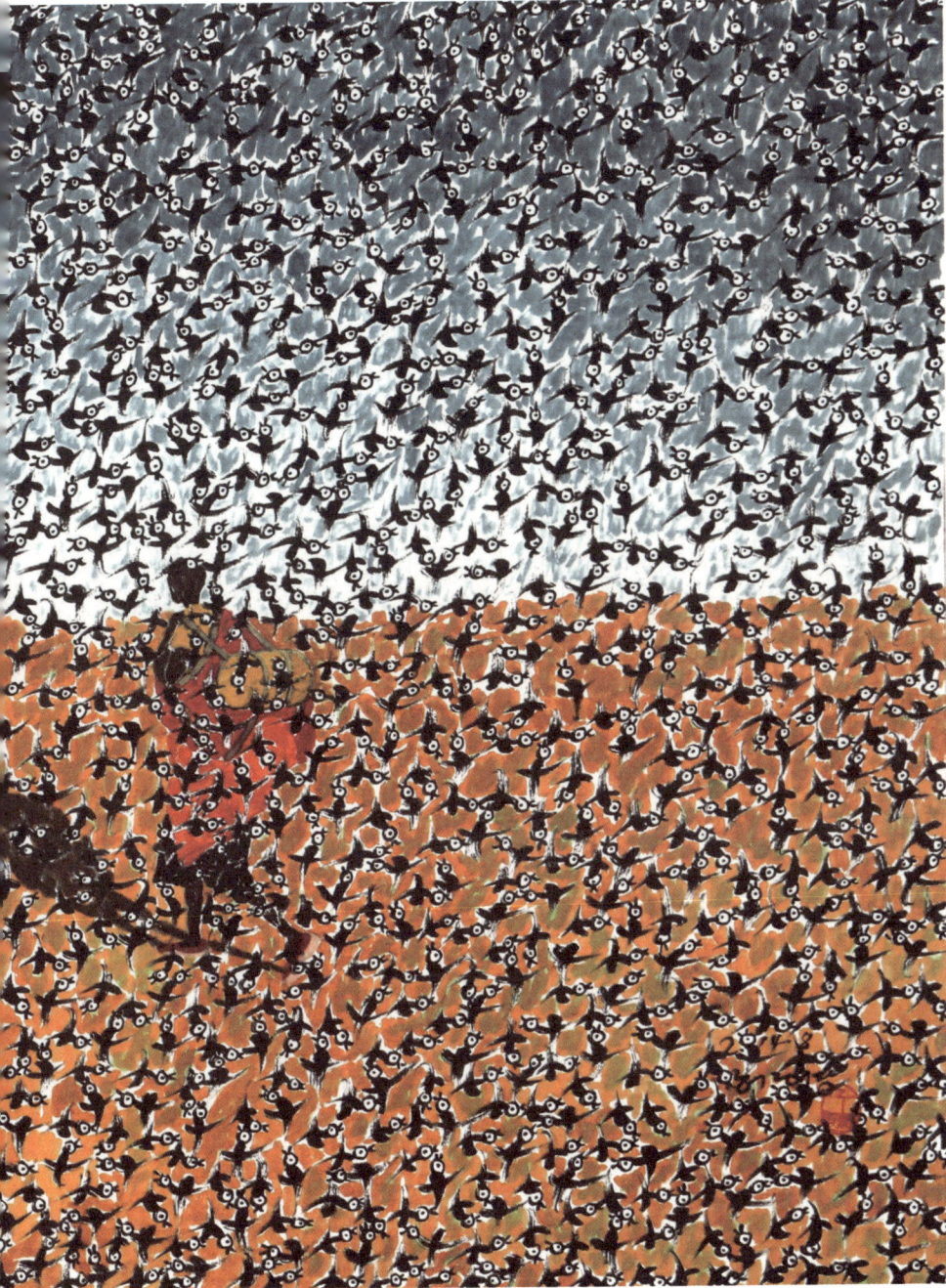

장부정리

오늘 아침은 겨울바람과 봄바람이 서로
자리바꿈을 하느라 분주하다 장부정리 하듯
어제까지 녹지 않던 잔설도 깨끗이 치우고
봄바람이 겨울바람을 다독인다
자리바꿈은 무엇을 막론하고 한쪽은 쓸쓸한 법
겨울바람이 못내 아쉬움을 터트린다
위잉~

겨울

겨울은 모든 것을 품는 계절이다
발가벗고 앙상한 가지들이 빛을 품고
바람을 품고 세상 모든 쓸쓸한 것들
외롭고 고독한 것들을 품는 계절이다
텅 빈 만큼 가득 품는다

전기스토브

새벽 1시
지금 시각 전기스토브를 켜면
온 방이 붉다
작품도 붉고 나도 붉고
어슬렁대는 찬바람도 붉다

고요히 앉아
붉음을 마신다

살얼음

새벽 산책길
가로등 불빛에 일렁이는
물살이 신비롭다
살얼음이
조심조심 물살을 달래며
계곡을 건너간다

◀ 옛사람

눈

너는 밤새 소리도 없이
천지를 하얗게 만들었구나
넌 이렇게 맑고 눈부신 세상을 만들어 놓고도
고요히 숨죽여 있구나
너에게 배운다
깊고 고요한 겸손의 마음

겨울 사랑

겨울 문턱에서
툭툭 차이는 찬바람이
옆구리에 달라붙어 말을 건넨다
'춥지 쓸쓸하지 밥 먹었나?'

겨울이 좋다
무엇보다 다른 계절이 갖고 있지 않는
텅 빈 아름다움
소멸하는 아름다움이 있기에

새벽에 우는 새

새벽에 우는 새는
끼익~ 끼익~ 소리 낸다
마치 녹슨 거문고줄 퉁기듯이
세상 온갖 슬픔과 아픔을
혼자 감당하는 듯이

달무리 속 별 하나

새벽 달빛이 차다
달무리 속 별 하나
어린 자식을 품고 있는 것 같다
지붕 위에 걸린 북두칠성
마지막 꼬리별은 뒷산이 훔쳐 가고
남은 여섯 개의 별이 맥없이 반짝인다
마치 가족을 잃은 슬픔인 양
세월호 유가족이
생각나는 밤이다

빈 마음

완전한 기쁨
완전한 행복은 어디서 오는가?
어렵지 않다
무엇이든 빈 마음으로 존재하면
어디서든 온다

하얀 눈밭을 걷고 있는
참새 한 마리 그 가는 다리가
온 세상을 지배한다

3
그것이 당신을 아름답게 한다

오늘의 그림 : 니가 최고야

붓을 놓았다 다시 잡는다
몇 년 전
남미 여행 중 브라질 살바도르에서
길을 잃고 헤매는 나그네에게
흑인 소녀 둘이서 엄지손가락을 치켜세우며
니가 최고야! 하고 힘을 실어주었던
두 소녀의 강렬한 눈빛과 사랑
영원히 잊을 수 없는 아름다운 추억
니가 최고야!
오늘 비로소 이 그림을 그린다

궁금증

새 한 마리 날아왔다
입안에 뭔가 들어 있는 것 같다
따라 해 본다
차를 마시다 입을 다문다

새 입을 열기 위해 빵조각을 던진다
쳐다보지도 않는다
내 살다 이렇게 궁금하긴 처음이다

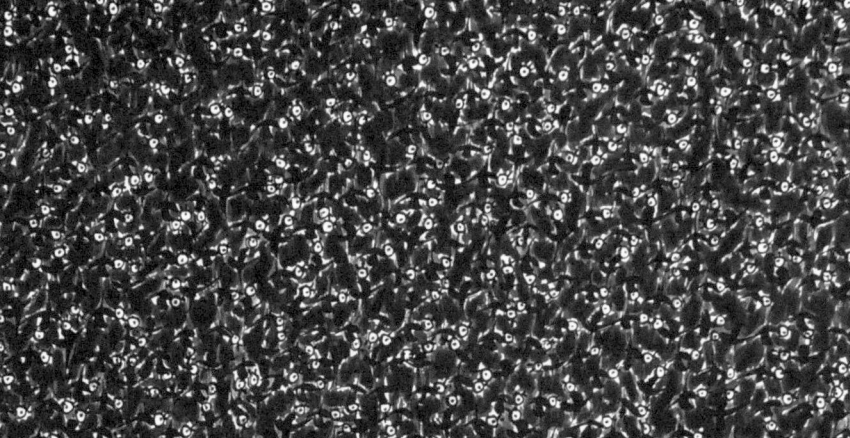

절로 나는 소리

겨울바람에게 묻는다
넌 어디서 왔다 어디로 가느냐?
윙윙 소리 내는 것은 누구에게 배웠느냐?
겨울바람이 말했다
절로 왔다 절로 간다
윙윙하는 것은 인간 세상
외롭고 쓸쓸한 것들을 달래주기 위함이다
배우지 않아도
생명에 대한 깊은 사랑이 있으면
절로 나는 소리다

물음표

새벽 찬바람이
가부좌를 튼 무르팍을 짓누른다
올빼미목을 빼듯 등뼈 곧추세우고
휘청거리는 겨울밤을 바로잡는다
오호!
정수리에 박힌 물음표
찬바람이 훔쳐가네

오늘의 그림 : 우주여행

무섭냐?
꽉 잡아라
다 왔다

로켓타고 달나라 오는 것은
미개인들이 하는 짓이야

기다림

보일러가 고장이나
방안 공기가 너무 추우니
붓끝이 갈라진다
갈라진 붓끝에 힘을 실으니
새로운 리듬이 발생한다
마치 절름거리는 발을 떼놓듯
붓이 내 몸같이 느껴진다

새야!
네 목이 빠질 것 같구나
넌 무엇을 기다리느냐?
인간 세상은
노란 기다림이 사무친다

◀ 기다림

팽목항

팽목항에서는 사진을 찍을 수 없었다
말도 할 수 없었다
눈발 휘날리는 사나운 검은 바다 검은 파도
출렁이는 비명에 손이 잘리고 혀가 잘리고
사지를 압수당했다
얼어붙은 가슴, 산귀신이 되어 돌아와
이제 겨우 숨 막히게 웅크리고 있던
마음의 소리를 담아낸다

굴뚝의 영감

삼일 동안 화선지 삼백여 장을 버리고
오늘 비로소 마음에 드는 작품이 나왔다
이 작품의 영감은 굴뚝에서 왔다
참 생명의 눈 뜸 그 숭고한 정신에서

산인 듯 학인 듯 굴뚝의 연기인 듯
죽지 않는다 진실한 영혼
깨어 있는 마음은

◀ 순결2

예술행위

예술혼은 세상에서 가장 아픈 곳
슬픈 곳에 살아 있다
이건 너무나 자연스러운 일이다
마치 아기가 태어나면 절로 울듯이

예술행위는 생명의 첫 호흡
첫 울음에 눈뜨고 귀 기울이는 것
모든 생명 고통의 중심에

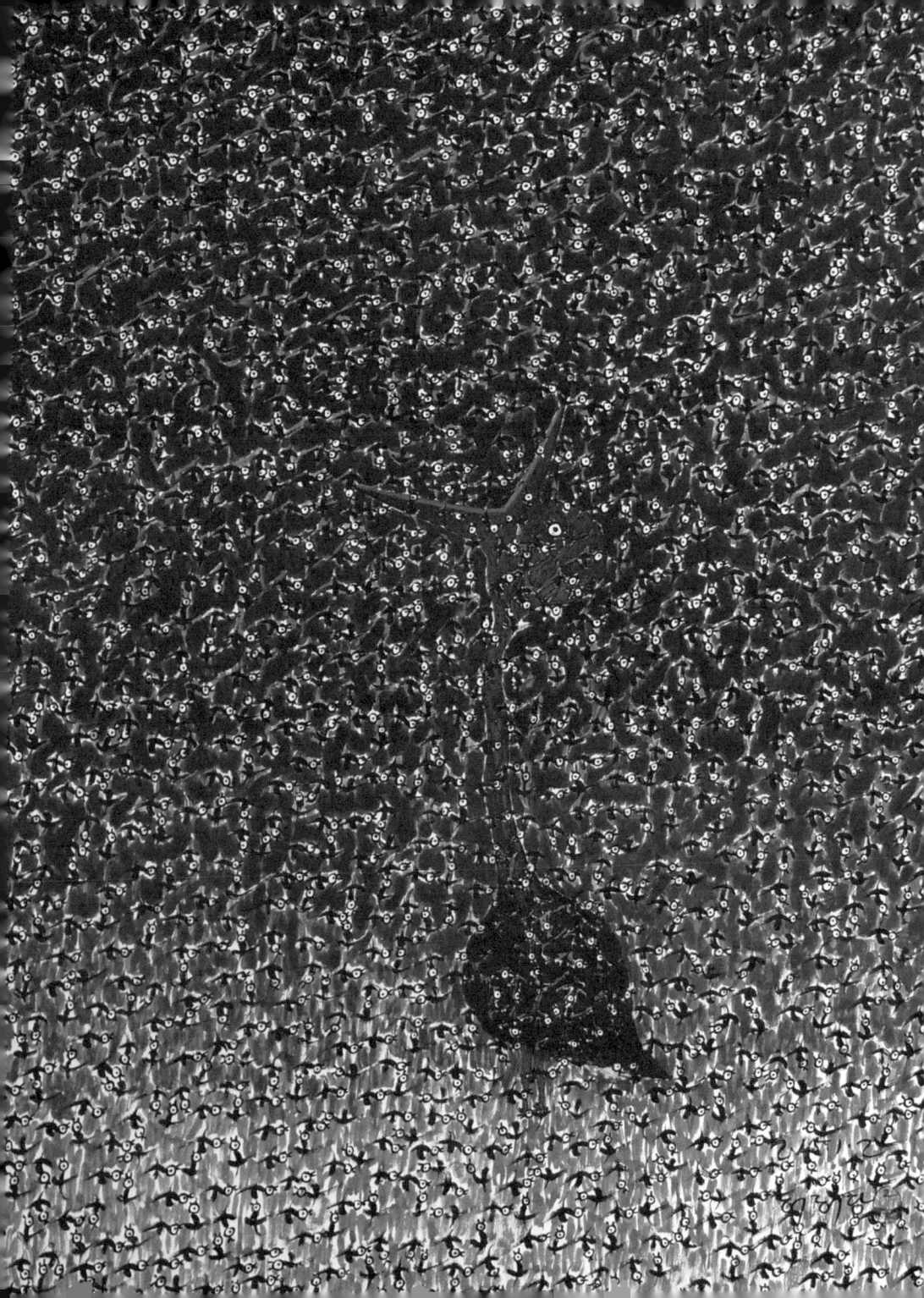

최상의 기쁨

날이 추울수록 산중 생활은
깊은 고독의 맛을 느낄 수 있다
우주의 심장이 얼어붙는
고독이야 말로
깨달음의 눈으로 세상을 보는
최상의 기쁨이다

정직하면 행복하다

고요한 아침 청국장 냄새가 참 좋다
인생, 이것만으로도 충분이 행복한데
무엇이 그리 괴로울까
조작하지 마라 정직하면 행복하다

진실은 수단이 없다
행위 자체가 목적이다

포로

그림 속에 나타난 새들이
밤새 물소리 듣는다
오호!
난 너의 포로가 되고 넌
소리의 포로가 되었구나

겨울비

겨울비가
가을이 남기고 간 흔적들을 씻어내느라
안간힘을 쏜다
추적이다 쏟아지다 부슬대다
하지만 비에 젖은 낙엽들은 오히려 더욱더
쓸쓸한 가을 분위기를 자아낸다
길 건너 고라니 젖은 낙엽을 밟고
멀뚱히 쳐다본다

겨울새

겨울 아침에 보는 새는 참 반갑기도 하다
짹~ 얼음이 깨어지듯 깨끗한 소리
눈은 또 얼마나 초롱한지 새 한 마리가
온 세상을 품고 있다

겨울새는 수행자 같은 느낌이 든다
나뭇가지에 앉아 먼 산을 본다든지
갑자기 어디론가 미련 없이 떠나는 것
겨울새는 나는 모습도 깨끗하다

▲ 비산 비학

아우성

소리가 바쁘다
밤에는 산짐승들의 발자국 소리
낮에는 새들의 날갯짓 소리
먹어야만 사는
생명들의 아우성

태평성대

며칠 전 삶은 고구마가 아직도 한 개 반이나 남았다
먹다 남은 고구마에 개미들이 수백 마리 소복이 쌓여 있다
반을 쪼개어 공간을 넓혀주니 모두 흩어져
태평성대를 누린다

산중의 겨울철은 식사대용으로 삶은 고구마가 최고다
고구마를 한 냄비 삶아 탁자 위에 놓아두면
삼사일은 아무런 걱정 없이 거뜬히 지낼 수 있다
작품에 몰두하며 살기엔 이보다 좋은 것이 없다
덩달아 작은 날짐승들과 개미들도 빈둥빈둥
태평성대를 누린다

나의 그림자

천 년 동안 홀로 서 있는 탑이여
아무도 찾지 않아 새똥에 덮였구나
오늘밤은 둥근달이 떨어져 네 옆에 있구나
너무 외로워하지 마라
또다시 천년을 서 있어야 하느니
넌지시 탑 옆에 앉는다
나의 그림자

◀ 새똥에 덮힌 달과 탑

오늘의 그림 : 범아일여 梵我一如

하늘에서 내려온 풍경소리
둥근달이 쫓아와 귀 기울이네
황금 새 한 마리 무릎에 앉아
우주는 하나의
큰 생명 덩어리라 말하네

◀ 범아일여

산중의 밤

가을의 끝에서
바람도 겨울 준비를 하느라 바쁘다
쉬쉬쉬 하던 것이 위이잉~
겨울다운 소리를
내기 위해

スㅅㅅ

낮에는
졸졸졸 하던 물 소리가
밤에는 조르르르 한다
밤바람이 소리의 반을 훔쳐간 까닭이다
바람의 꼬리에 ㅅㅅㅅ이
선명히 따라붙는다

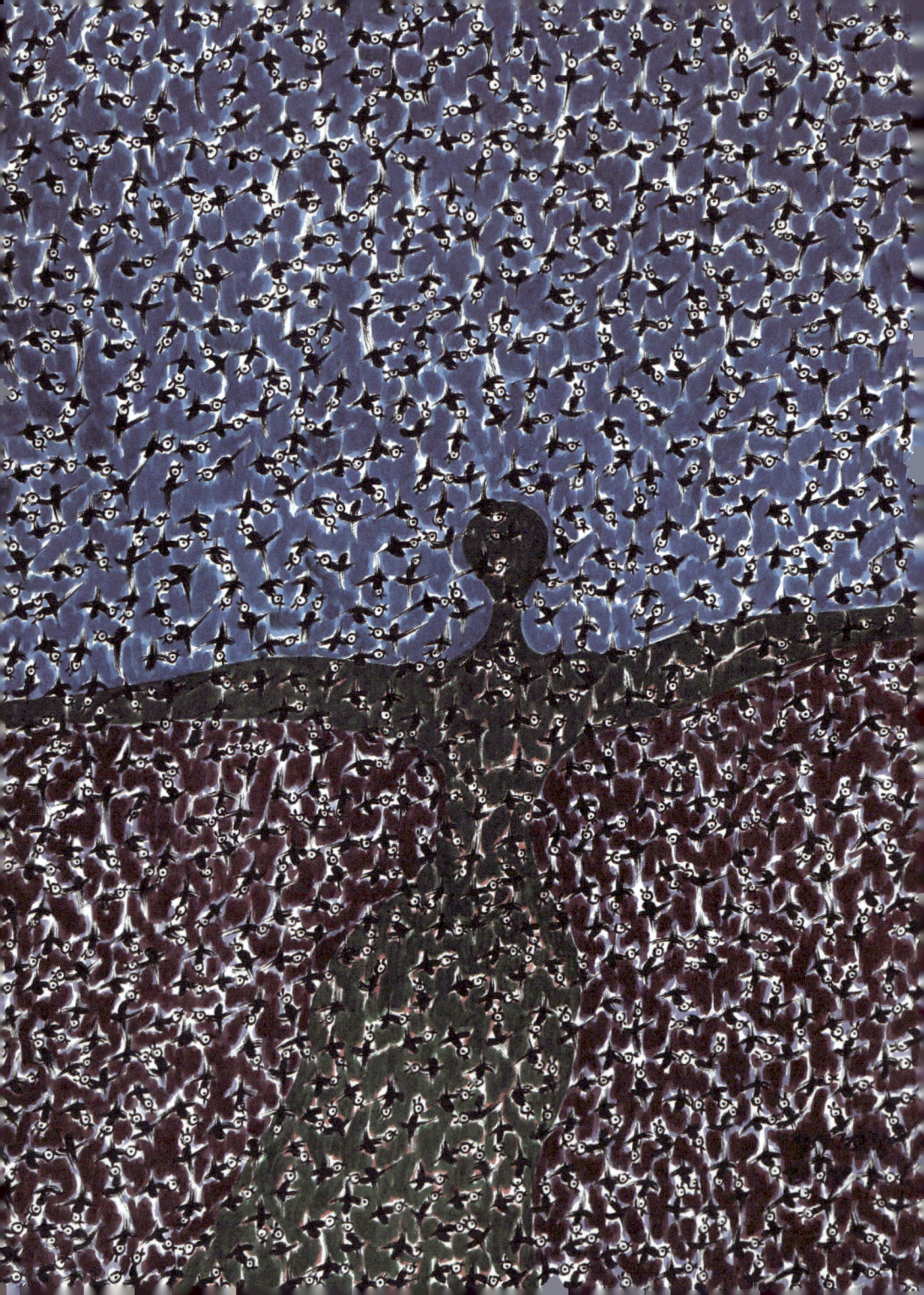

청송 가는 길

청송 가는 길
아스팔트 위에 나뒹구는 낙엽들
그야말로 바람 부는 대로
처박히고 부서지는 것이 참 아름답구나
미련 없이 부서지는 것
얼마나 멋진 일이냐
우리네 인생도 부서질 땐 미련 없이
새가 날고 개 짖는 소리가
따라붙는다

아하

낙엽은 떨어지자마자
땅에 닿기도 전에 뒹구는구나
아하! 그래서 낙엽을 밟으면
마음이 뒹구는구나

휘어진 물소리

방 청소를 하고 차를 마신다
무엇이든 비우고 나면 기분이 상쾌하다
차탁 위에 놓인 감기약 하나 둘 셋
두 알씩 먹었는데 한 알이 모자란다

계곡의 물소리 밤바람에 실려
골짜기로 휘어진다

조금만 더

계곡의 물 소리가
점점 약해진다 걱정이다
바람 불면 우수수
기막히게 떨어지는 단풍잎을
동동 실어 나를 수 있을는지
그 멋진 풍광을 빼앗길까 봐
조금만 더 버티어라

코스모스

새벽 산책 길
별빛을 품은 바람과 입맞춤 한다
길가의 코스모스 훔친 별이 많은지
숨죽여 흔들린다

선물

또 날이 샌다
문을 여니 앞산 뾰족한 바위
담쟁이 넝쿨로 치장을 했다
멋지다

과연

새벽 물 소리 참 좋다
과연 인간 세상이란 게
있었나 싶다

다를 바 없다

이른 새벽
파리가 이 벽에 붙었다 저 벽에 붙었다
몇 차례 웽웽하다 어디로 갔는지 흔적이 없다
다를 바 없다 사람도 이리 갔다 저리 갔다
몇 차례 꿈인 듯 생시인 듯 중얼중얼하다
사라지는 것

하루

종일
추적추적 내리는 빗줄기를 바라보다
먼 산
안개구름을 바라보다 겨우 시선이 머문 곳
막 물들기 시작한 단풍잎 하나
해가 저문다

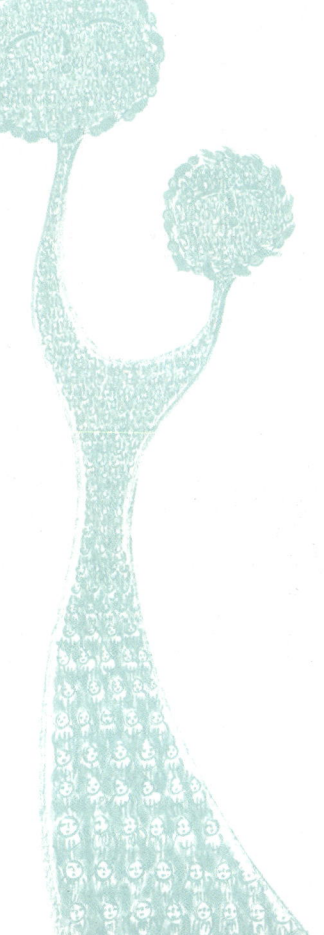

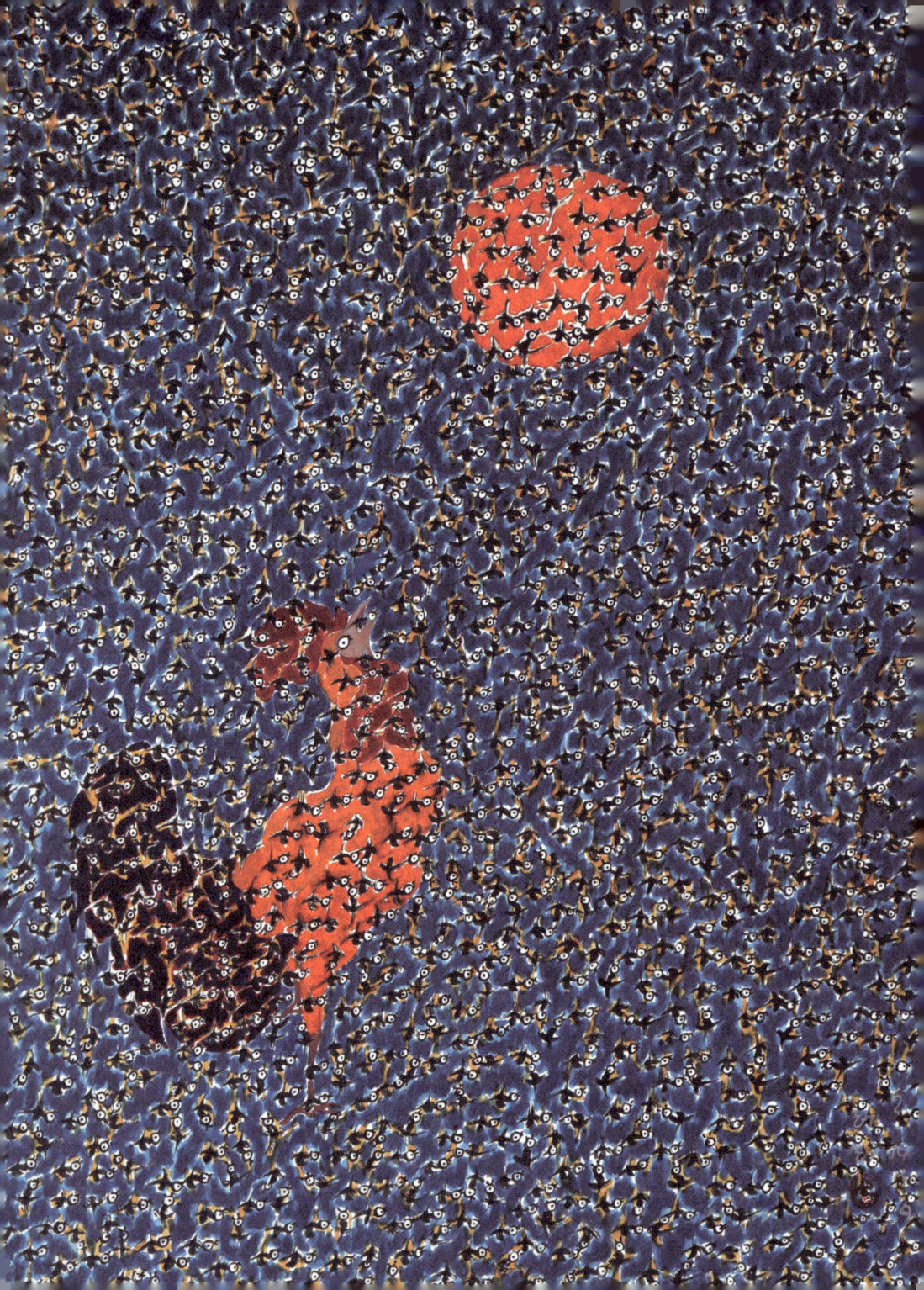

돌감나무

돌감나무는
단풍이 다 떨어질 때까지 버티고 서서
가을 끝자락에
눈이 시리도록 예쁜 황토색으로 물든다
멀리서 돌감나무를 바라보면
이 세상 모든 그리움이 주렁주렁
매달려 있다

◀ 바람의 기억—그리움

바람의 기억
—달을 옮기는 타조 ▶

소쩍새 우는 밤

눈물 나게 서러운 날들이 있었다
돈도 명예도 사랑도 아닌 우주와 나
존재의 실상에 대한 사무친 그리움

이제 그 많은 날들이 기쁨이 되었다
소쩍새 우는 밤
밤하늘의 별들이 활짝 웃는다

휴대용 불판 가스렌즈

휴대용 불판 가스렌즈를 사용한 지 어언 십 년
언제든 가볍게 떠날 수 있는 마음으로 항상 여행하는 기분으로
살아야지 했던 것이 벌써 십 년이 되었다
방금 라면을 끓이다 불꽃이 푸시시해 부탄가스를 갈아 끼우다
문득 가스렌즈에게 고마운 생각이 들었다
십 년 동안 한 번도 고장 나지 않고 내 곁에 있어 준 것이
라면을 먹다 나도 모르게 눈시울이 뜨거워져 불판 가스렌즈를
한참 바라보았다

고요하면 절로 안다

편안하고 편안하다
밤바람이 창문을 스치고 가니
인생사 모든 것이 일순간에
해탈한다
고요하고 고요하다
새벽 물소리가 귀청을 씻고 가니
세상사 모든 것이
법 향으로 가득하다

고요하면 절로 안다
이 세상 모든 성현들이
어떤 마음으로 살다 갔는지

혼자 놀 줄 아는 사람

혼자 있는 시간을 다스릴 줄 아는 사람은
더 이상 배울 게 없다
온전히 혼자 있는 시간
혼자 놀 줄 아는 사람은
만물이 스스로 깨닫게 해준다

젖은 낙엽

물가에 떨어진 낙엽 하나
반은 물살 위에 반은 돌멩이에 걸쳐
온전히 머물지도 떠나지도 못한 체
파르르 떨고 있다
마치 실연당한 사람처럼

낙엽이 따라 붙는 날

밤에도 낙엽은 지는구나
그중에 어떤 놈은 따라붙기도 하고
밤길에 낙엽이 따라붙는 날은
유난히 별빛이 교교하다
별빛에 물든 사슴 한 마리
긴 목을 빼고 휘어진 산허리에
초승달이 기운다

멋진 놈들

단풍잎이 저토록 아름다운 것은
곧 떨어지기 때문일까
사람도 죽기 전에 단풍잎 같았으면
한 잎 떨어지니 우수수 쏟아진다
멋진 놈들

가을에는 옷깃을 세우고
구멍 난 낙엽으로 하늘을 보라
반드시 옷깃을 세우고
온 세상이 낭만에 젖는다

고추잠자리

숲 속에 날아든 고추잠자리
저마다 한 세계를 품고 있다
수백 개의 세계가 충돌하지 않고
저마다 자유롭기 그지없다

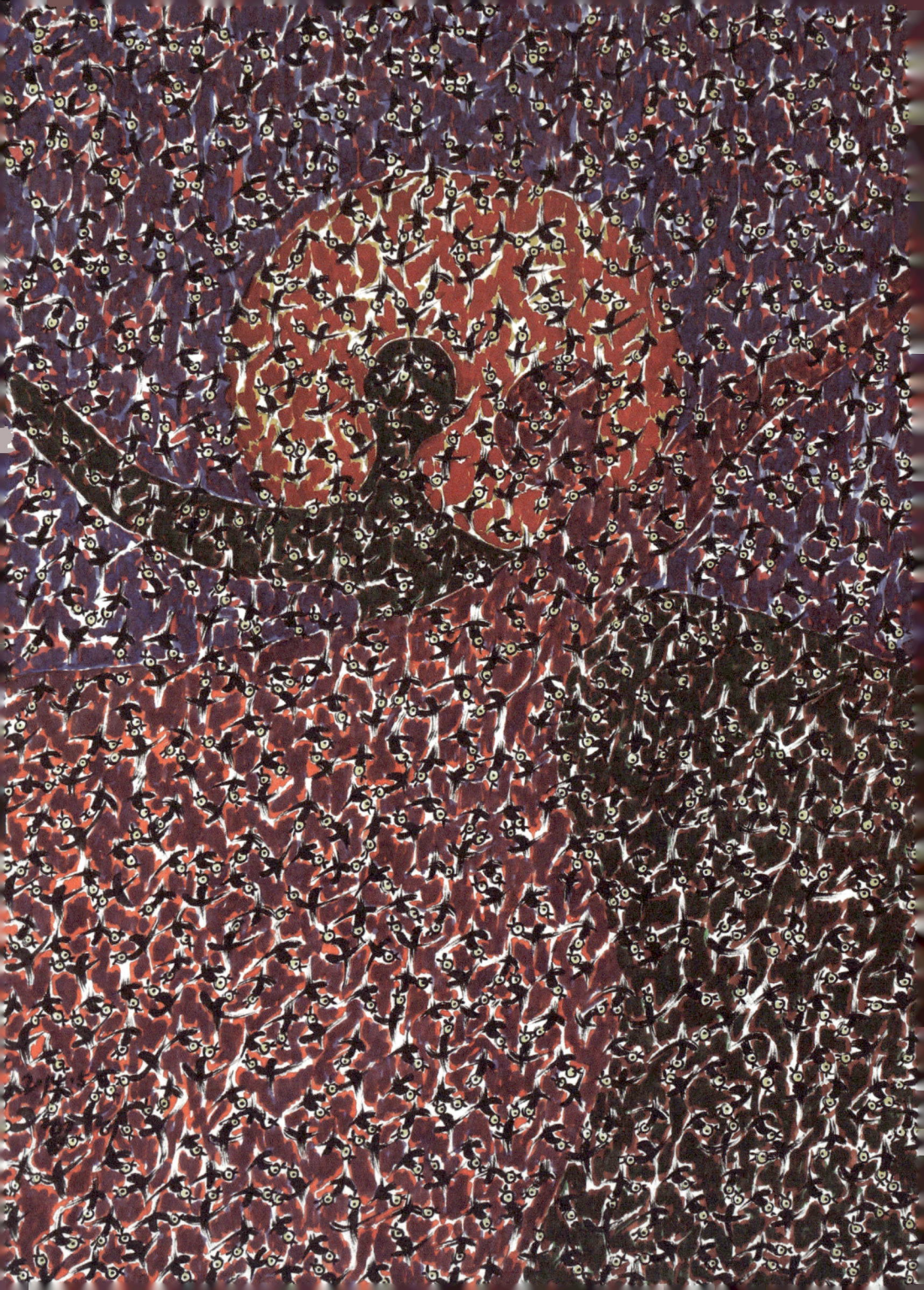

붉음의 소리

눈을 감았다 뜬다 그리고 다시 감는다
낮에는 단풍잎을 보고 밤에는 단풍잎 소리를 듣는다
가을 산중의 밤은 소리도 붉다

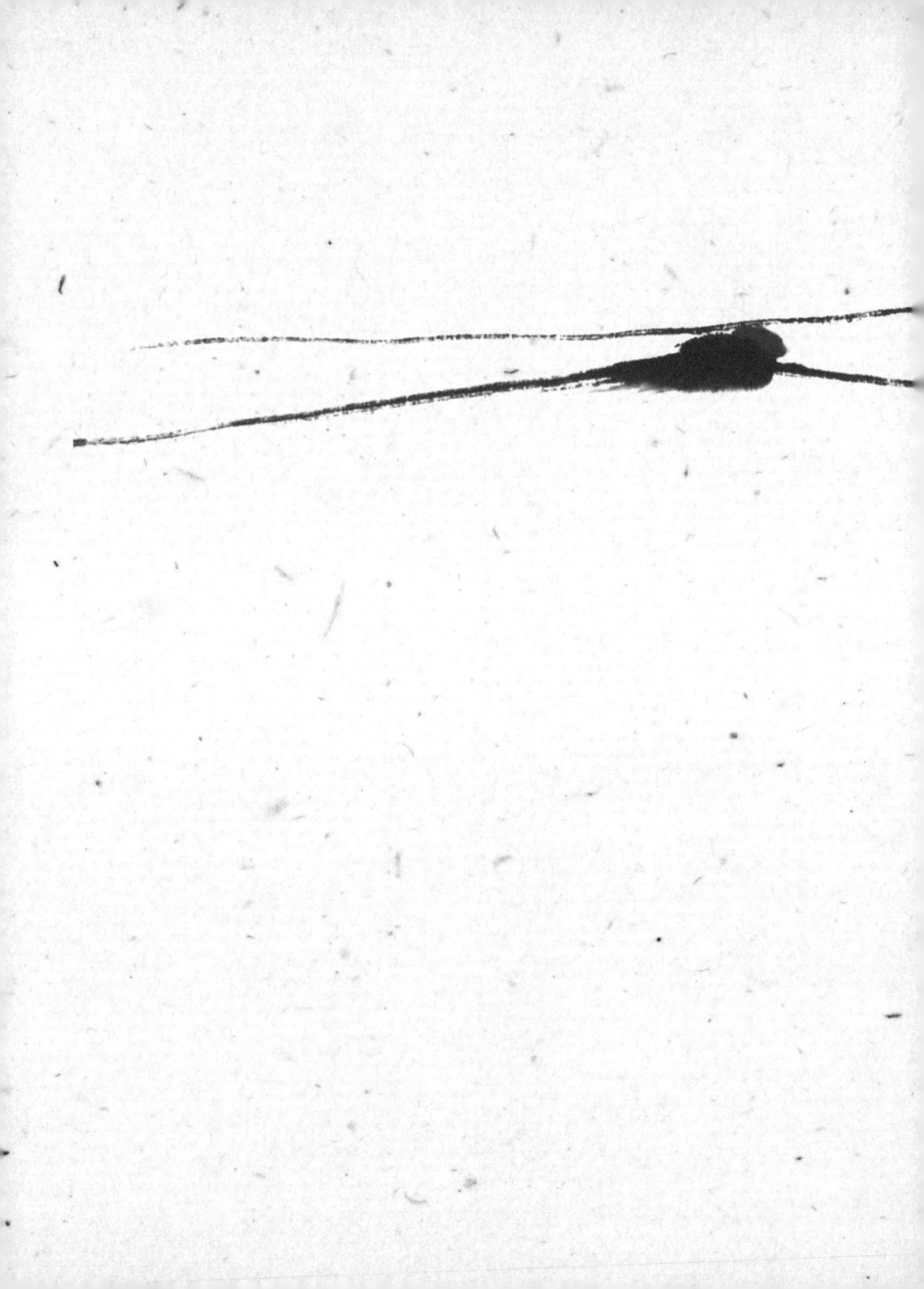

4

텅 빈 만큼 가득 품는다

식구

비에 젖은 빨래를 다시 빨아 널고
빨래가 마르면
모처럼 외출을 할까 했는데
종일 날씨가 흐린 탓에 그만둘 수밖에 없었다
이런 일로 빨래에게 발목 잡힌 일이 한두 번 아니었지만
오늘은 왠지
식구란 말이 절실하다

식구

밤바람

밤바람이
창문을 스치며
어깨를 툭 친다
너도
바람이야!

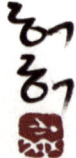

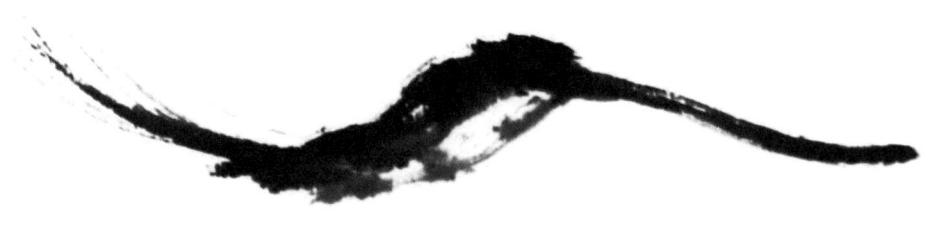

▲ 뭉크의 꿈

턱수염

비 내린다
오랜만에 들어보는 밤비 소리
세월을 잊은 턱수염이
빗소리에 젖는다

변신

아직도 비 오는 산골 마을은
보일러를 돌려야 한다
가만히 앉아 소리에 귀 기울이면
때론 보일러 소리가
빗소리에 묻히기도 하고 빗소리가
보일러 소리에 묻히기도 한다

그 소리를 한참 쫓다 보면
밤새 내가 보일러가 되었다
빗소리가 되었다 한다

냉큼

세상을 작게 보면 세상이 금방
어찌될 것 같지만 크게 보면 아무 일 없다
다만 인간사가 번거롭게 생멸할 뿐

먹다 남은 복숭아 신세가 처량하다
냉큼 먹고 버려야겠다

공생

아침 이슬이 백일홍 꽃잎에 눌러앉아
바람에 흔들린다
작은 산새 두 마리 꽃잎에 부리를 박고
꼬랑지를 깝죽댄다

◀ 바람의 기억—다섯살의 추억

마사이족의
두 형제 ▶

기대

손님이 온다고 한다
모처럼 국물 있는 음식을
먹을 수 있겠다

아침 산책

아침 일찍 산책을 하면 산들이 모두
찜질방에 앉아 있는 것 같다
자욱한 안개 속에 이산 저산 보일락 말락
봉우리인지 능선인지 새들 물방울 튀듯
사방으로 흩어진다

문지방

부대끼는 모든 것은 눈물이다
비도 바람도 소리도
어찌 눈물 없는 사랑이 있을 수 있으랴!
빛바랜 그리움 하나
문지방에서 부서진다

휴식

밤길 산책 중 논두렁에 앉아
개구리 소리 듣는다
개굴개굴 온 세상이 개굴하다

산골의 밤은 깊을수록 좋다
그윽한 차 맛 태곳적 고요가
혀끝에 닿는다

새소리

자연은 무엇 하나 비굴하지 않다
필 땐 피고 질 땐 진다
느슨한 오후의 햇살에 새소리 떼지어
발끝에 차인다

소쩍새

낮에 우는 소쩍새와 밤에 우는 소쩍새는
그 울림이 사뭇 다르다
낮에 우는 소쩍새는 먼 그리움을 잡아끌고
밤에 우는 소쩍새는
깊은 그리움을 내팽개친다

버들강아지

아무도 오지 않았다
그러나 계곡의 버들강아지가
봄을 품고 왔다

개나리

심산유곡
산기슭에 피는 개나리꽃
노란 속삭임이
눈물겹다

바람의 기억
—귀가2 ▶

뽕잎

오후의 산책길에 뽕잎 하나 땄다
뻐꾸기 소리 가득 베인 책상머리에 두면
종일 뻐꾸기 소리 나겠네

오동잎

오동잎은
왜 뒷골목을 서성이는
노숙자 같을까
무겁게 축 늘어진 잎들이
지친 나그네의
한숨 같다

흰나비

쓸쓸한 가을 들녘
가볍게 흔들리는 코스모스 잎 사이로
가볍게 흩날리는 흰나비 한 마리
온 세상이 흔들린다

▲ 동행

새 꼬리

좋지 않은가
아무도 없는 세상에
홀로 서 있다는 것
갓 태어난 기분으로
세상을 본다는 것

파로호의 새 꼬리에
해가 저문다

빈둥빈둥

맨발로 밭두렁을 걷다
꽃이 피기 전에 먼저 피는 것이
흙인 줄 알았다
커피를 마시다 달콤한 봄바람에
커피 향을 빼앗겼다

때론 빈둥빈둥 놀아라
삶의 지혜는 거기서 나온다

인연

모였다
흩어졌다
다시 모인다
산바람 들바람
강바람

쓸쓸함

비 오는 거리는 어디를 가나 쓸쓸하다
그러나 이 기분만큼 좋은 것도 잘 없다
인간의 감정 중에 평상심을 잃지 않고
자신을 돌아보게 하는 것은 바로
이 쓸쓸함이 아닐까?

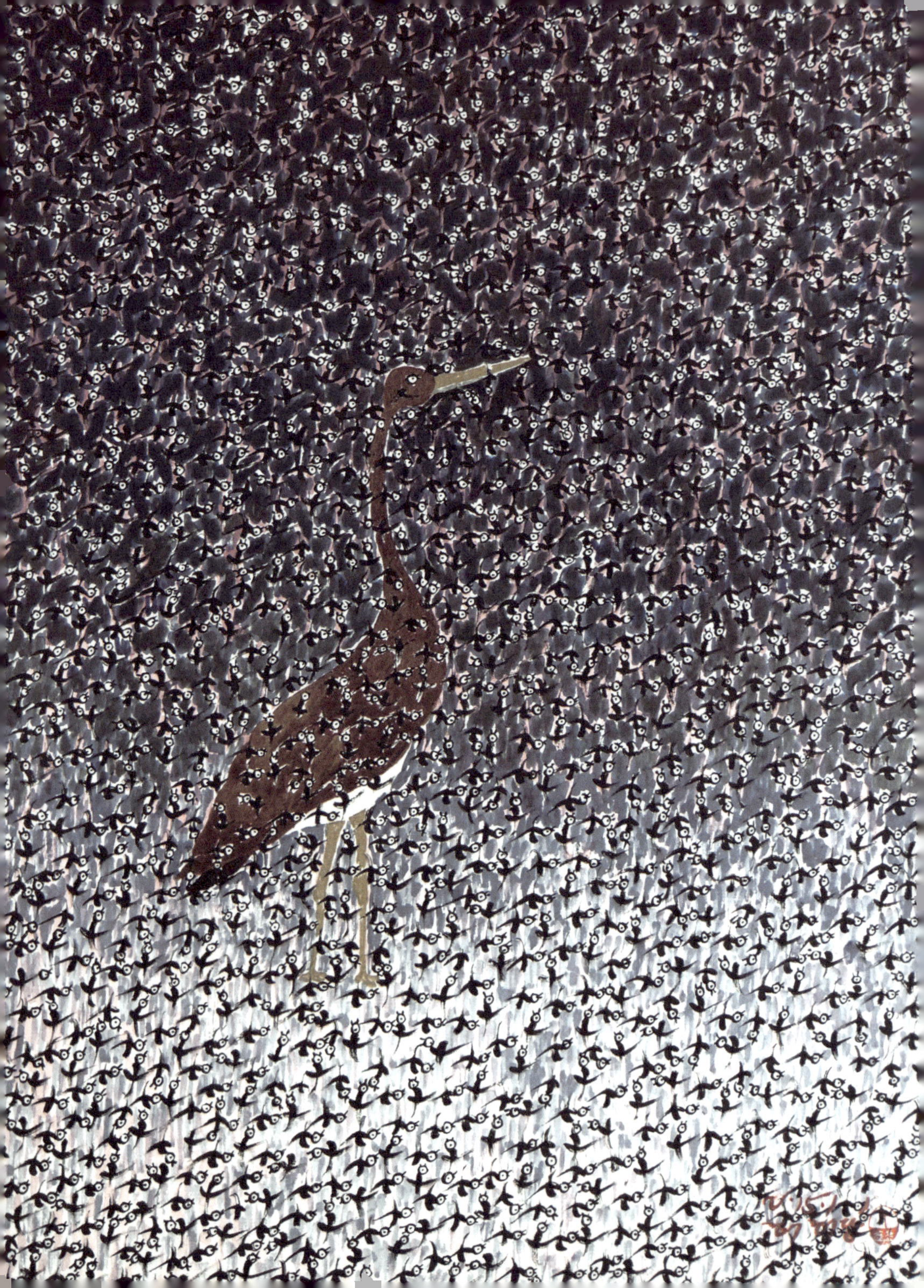

동경 가는 길

아기를 안은 엄마의 모습은 언제 봐도 거룩하다
아기를 안은 엄마의 마음
세상 모든 사람들이 이 마음으로 살면 얼마나 좋을까
바닷바람이 창문을 스친다

이쯤 되면

산사의 하루 중 가장 힘들고 귀찮고 또 즐거운 일이 있다면
이 일을 빼 놓을 순 없다
이 일은 참으로 많은 생각과 깨달음을 주는 소중한 일이기도 하다
지금 나는 이 일에 대한 즐거운 마음으로 숲길을 걷고 있다
어디가 좋을까? 이 일은 위치 선정이 매우 중요하다
이른 아침 뿌연 안개를 걷어차며 희미한 계곡을 두리번 살펴 부딪히는
온갖 동식물들의 아침 인사도 이 일의 서곡에서 빼놓을 수 없다
새소리 물소리 바람소리 온갖 소리들이 아침인사를 건네는 이 일의
행사는 사뭇 경건한 마음을 불러온다

안녕 소리들아! 졸졸 흐르는 계곡물을 따라 적당한 위치를 향해 눈길을
던지면 작은 산새들이 포록포록 아침 이슬을 털며 나르는 모습은 굳이
내가 인간일 필요가 있을까 하는 생각에 빨리 이승을 날고 싶기도 하다
이럴 때 위치 선정은 매우 수월하다 벌써 마음이 깨니 앉는 곳이 명당
아무도 없지만 주변을 한번 살핀 후 흥얼흥얼 콧노래라도 부를라치면
이 일의 주인공이 꿈질 꿈질 콧노래에 장단 맞추어 말을 건넨다

나갈까요? 재즈, 블루스 아니면 탱고
이쯤 되면 준비된 똥은 내가 원하는 방식대로 나오기 마련이다
탱고 하면 탱고 재즈 하면 재즈, 뿐만 아니라 가요로도 나오고 민요로도
나온다 동요하면 동요 그야말로 마음대로 똥을 부린다고나 할까?
내 한평생 뭘 한다고 해보았지만 이제 겨우 똥 하나 제대로 부릴 수 있는
정도인데 준비된 똥 하다 보니 생각나는 것이 있다
준비된 대통령

요즘 세상이 저렇게 힘들고 혼란스러운 것은 자기 똥 하나 제대로
부리지 못하는 사람들이 사람을 부리고 생각을 부리고 마음을 부리기
때문이리라

사막에서 부는 바람

오늘도 사막에 나간다
산 강 바다 노을 모두 내 인생의 벗이지만
사막만큼 나를 겸손하게 하고 솔직하게 하지는 않는다
사막에서 부는 바람은 온 세상을 사랑하게 하는
묘한 힘을 가지고 있다

노을빛 속을 나는 새

땅에 나무 한 그루 없고
하늘에 구름 한 점 없는 평야는
마치 포개져 있는 동그란 접시 두 개를
한쪽에서 살짝 들어 올린 것 같다
하늘과 땅이 납작하게 붙어
묘한 공포감에 휩싸인다
아프리카 대륙 노을빛 속을 나는 새들은
까만 아이들의 속눈썹에 맺힌
눈물 같다

나미비아 평야

너무 아름다워 숨 막힌다
나미비아 평야에서 이는 노을은
낮게 엎드려 이불을 펴 놓은 듯하다
다리를 뻗으면
붉은 이불에 돌돌 말려 어디론가
흔적 없이 사라질 것 같다

신명의 후손

흑인들은 어디서나 춤을 춘다
밥을 먹거나 설거지를 할 때에도
길을 걸으면서도 어디서나 자유롭게 춤추는
이들의 신명은 어디서 나오는 걸까?
마치 새들이 공중을 날 듯
땅을 딛고 난다

숙연한 이름

남아공에 첫발을 내딛으며 제일 먼저 생각난 것은 만델라
인도에 첫발을 디디며 생각난 이름 간디처럼
이름은 하나의 그리움이다
진정 인류를 위해 살다간 이름은
생각만 해도 가슴 설레고 마음이 숙연해진다

▲ 신의 눈물

신의 눈물

오슬로 중앙역에서 출발한 기차는 플롬을 향해 힘차게 달렸다
중간중간 흰 나뭇가지에 달린 작은 단풍잎들은 마치 불꽃놀이를 하듯
파르르 떨며 하늘을 덮었다
그러다 언제 그랬냐는 듯이 겨울 산이 두 눈을 아찔하게 한다
숨 막히게 적막하고 황량한 산
그러나 군데군데 눈 녹는 물이 산을 타고 흘러내릴 때에는 나도 모르게
차창 밖으로 고개를 내밀고 탄성을 내질렀다
신의 눈물
나는 이것을 신의 눈물이라 했다

일기

날이 밝는다
산들 잠에서 깨어난 아이처럼 평온하다
마당에 산짐승들의 발자국이
아침인사를 건넨다

오전엔 봄바람이
오후엔 겨울바람이
창문을 두드린다
어쩌라고

인생은 아무런 의미가
없다는 것을 알 때 비로소
삶을 노래할 수 있다

삶은 진동이다

삶은 진동이다
크면 큰 대로 작으면 작은 대로
그 울림에 반응하며
그때그때 사는 것이다
정해진 것은 아무것도 없다

살아있어 고맙다

거짓된 마음은 천 년을 살아도
천하가 너를 비웃을 것이요
진실한 마음은 하루를 살아도
천하가 너를 따를 것이다

밤비 소리 좋다 고요해서 더 좋다
살아있어 고맙다

깨달은 자의 삶

인생을 성공과 실패로 나누는 사람은
아직 삶의 본질을 깨닫지 못했기 때문이다
깨달은 자의 삶은 성공, 실패가 없다
다만 삶의 순간순간에 최선을 다할 뿐
성공, 실패로 나누지 않는다
삶은 삶이 있을 뿐 성공, 실패는 없다

한 점 구름

때론 자신을 허공에 던져 놓고
한 점 구름처럼 바라보자
삶도 죽음도 한 점 구름임을 분명히 안다
잠시 일어났다 사라지는
무엇을 옳다 그르다 할 것인가
오늘 흐르는 구름들이여
정처 없이 흐르다 사라져도
한 점 여한 없이 통쾌히 살다가세

인생의 황혼

인생의 황혼에는
낙타를 타고 사막을 걷자
붉게 타오르는 노을빛에 얼굴을 묻고
깃털처럼 가볍게 이승을 날자

인생의 황혼에는
사막에서 부는 모래바람을 맞으며
인생사 모든 고뇌를 씻고
붉게 쓰러지는 노을빛처럼
환하게 이승을 내려놓자

진리의 입장

말을 하자면 할 말이 많다
그러나 어떤 말도 안하는 것만 못하다
진리의 입장에서

인간은 때때로 진리의 입장에서
자신을 바라봐야 한다

정신 차려라

사람이 죽을 때
아무것도 못 가지고 가지만
딱 하나
지은 죄는 가지고 간다
정신 차려라

선체로 꿈

차를 기다리고 타고 내리는 사람들
우리네 삶의 온갖 슬픔과 기쁨 고뇌와 한숨
사랑과 이별이 강물처럼 흐르는 정거장
모두 어디론가 떠나는 사람들
스톡홀름 정거장 선체로 꿈
우리네 인생

아름다움

산이 아름답고 강이 아름다운 것은
내 것이란 생각이 없기 때문이다
내 것이란 생각은
모든 번뇌와 근심의 뿌리이다

마음을 비우면 나와 남이 없다
내 것도 남의 것도
다만 모든 것이 귀하고 귀할 뿐이다

당신이 좋아요
있는 그대로

당신이 좋아요
있는 그대로

1판 1쇄 인쇄 2015년 4월 23일
1판 1쇄 발행 2015년 4월 30일

지은이 허허당

발행인 양원석
사업단장 김경만
본부장 김재현
편집장 황혜정
책임편집 차선화

디자인 모리스
해외저작권 황지현, 지소연
제작 문태일, 김수진
영업·마케팅 정상희, 임우열, 우지연, 김민수, 장현기,
　　　　　　이영인, 정미진, 송기현, 이선미

펴낸 곳 (주)알에이치코리아
주소 서울시 금천구 가산디지털2로 53, 20층 (가산동, 한라시그마밸리)
편집문의 02-6443-8861
구입문의 02-6443-8838
홈페이지 www.rhk.co.kr
등록 2004년 1월 15일 제2-3726호

ISBN 978-89-255-5573-7 (13200)

- 이 책은 (주)알에이치코리아가 저작권자와의 계약에 따라 발행한 것이므로
  본사의 서면 허락 없이는 어떠한 형태나 수단으로도 이 책의 내용을 이용하지 못합니다.
- 잘못된 책은 구입하신 서점에서 바꾸어드립니다.
- 책값은 뒤표지에 있습니다.

RHK 는 랜덤하우스코리아의 새 이름입니다.